POLYCLINIQUES

POUR LE

TRAITEMENT DE LA TUBERCULOSE

ET DES

Affections des voies respiratoires

STATUTS

LILLE,
IMPRIMERIE L. DANEL

1901.

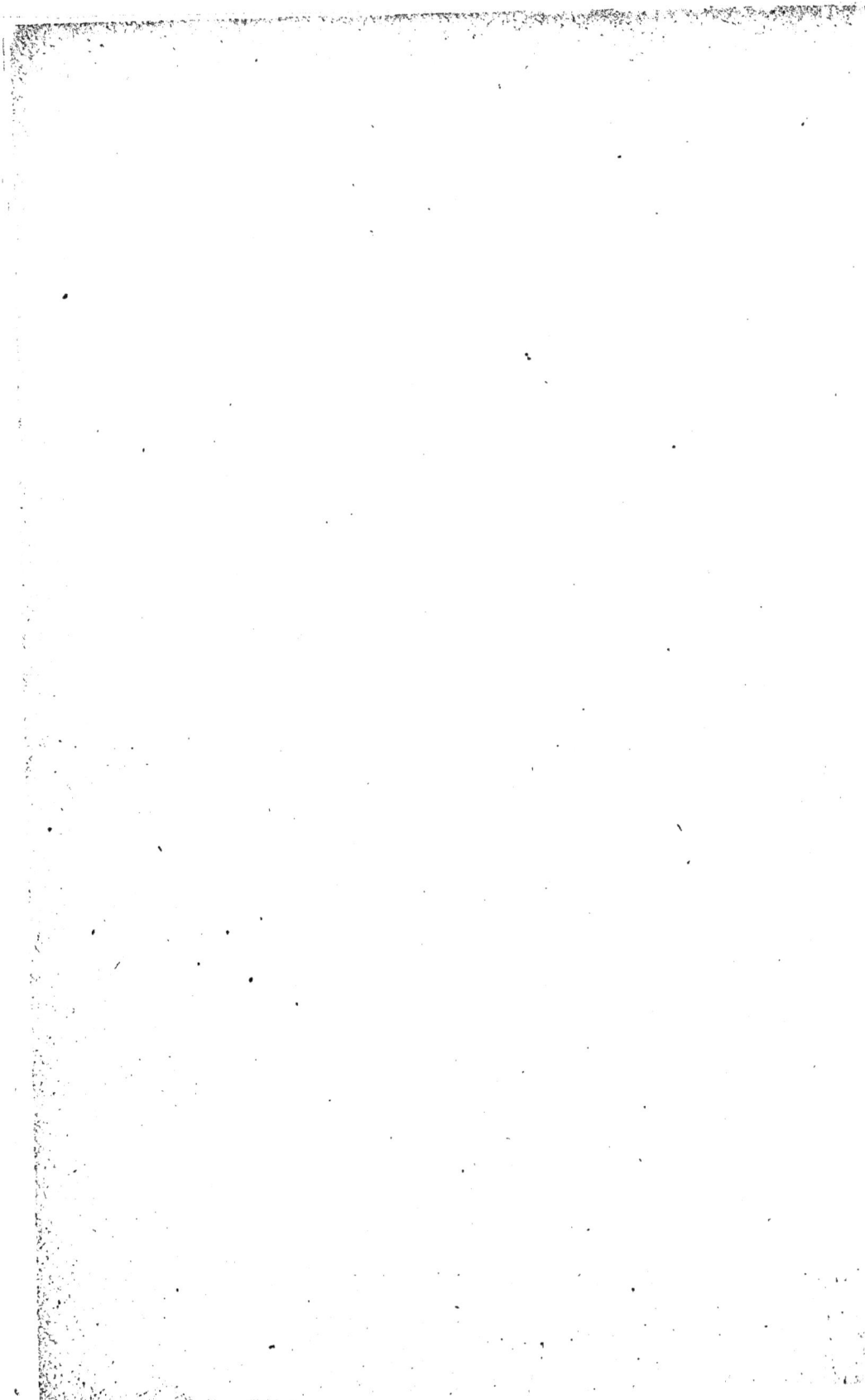

POLYCLINIQUES

POUR LE TRAITEMENT DE LA TUBERCULOSE

et des affections des voies respiratoires

STATUTS

-<- + -*- - >-

Pardevant Me Maxime DUCROCQ et l'un de ses collègues, notaires à Lille, soussignés,

Ont comparu :

1° M. Aramis DE L'HERBIER, banquier, demeurant à Lille, boulevard Vauban, n° 46 ;

2° M. Edouard DEMAGNEZ, caporal au quarante troisième régiment d'infanterie, en garnison à Lille, domicilié en cette ville ;

3° M. Auguste VIDREQUIN, représentant de commerce, demeurant à Lille, Grand'place, n° 62 ;

4° M. Henri FRANÇOIS, employé, demeurant à Croix, rue Saint-Pierre, n° 45 ;

5° M. Charles BÉCOURT, propriétaire, demeurant à Lille, rue Grande-Allée, n° 25 ;

6° M. Paul BUISINE, propriétaire, demeurant à Lille, rue d'Angleterre, n° 51 ;

7° M. Georges DELAPORTE, pharmacien, demeurant à Tourcoing, rue de Tournai, n° 18bis.

Lesquels ont établi, ainsi qu'il suit, les statuts d'une Société anonyme qu'ils se proposent de fonder.

TITRE PREMIER.

Formation. — Objet. — Dénomination. — Durée. Siège.

ARTICLE PREMIER.

Il est formé par ces présentes entre les comparants, comme fondateurs, et les personnes qui deviendront par la suite propriétaires des actions ci-après créées, une Société anonyme qui sera régie par les lois des vingt-quatre juillet mil huit cent soixante-sept et premier août mil huit cent quatre vingt-treize et par les présents statuts.

ARTICLE 2.

La Société aura pour objet la création et l'exploitation, tant à l'étranger qu'en France, de polycliniques, sanatoria et tous autres établissements similaires pour favoriser le traitement de la tuberculose et des affections des voies respiratoires par tous procédés d'une efficacité scientifiquement et expérimentalement démontrés.

ARTICLE 3.

La dénomination de la Société sera « Polycliniques pour le traitement de la tuberculose et des affections des voies respiratoires ».

ARTICLE 4.

La durée de la Société sera de vingt années à courir du premier Novembre mil neuf cent un, sauf les cas de dissolution anticipée et de prorogation prévus aux présents statuts.

ARTICLE 5.

Le siège social sera à Lille, boulevard Vauban, n° 46.

Il pourra être transféré, par simple décision du Conseil d'administration en tout autre lieu de la ville de Lille ; le transfert en dehors de celle-ci ne pourra avoir lieu qu'en vertu d'une délibération de l'Assemblée générale des actionnaires prise conformément à l'article 31 ci-après.

TITRE DEUXIÈME

Apports. — Capital social. — Actions. Parts de Fondateurs.

ARTICLE 6.

Les comparants apportent à la Société, tous conjointement et indivisément entre eux et chacun séparément pour ce qui le concerne les droits qu'ils déclarent leur appartenir sans toutefois en avoir justifié à M. Maxime Ducrocq, l'un des notaires soussignés, dans :

1º Une polyclinique exploitée actuellement à Roubaix, boulevard de la République, nº 52 ; ses clientèle et achalandage et le résultat des démarches, études, travaux comme de toutes dispositions prises en vue de la création de polycliniques de même nature et de même objet tant en France qu'à l'étranger notamment en Angleterre et en Belgique, la somme de quatre cent quatre-vingt-mille francs, ci..   480.000 fr. »

2º Et le matériel de toute nature servant à l'exploitation de la polyclinique de Roubaix,

Pour la somme principale de vingt mille francs, ci..   20.000   »

Soit ensemble pour cinq cent mille francs ci..........   500.000   »

Ces apports sont faits à la charge par la présente Société :

1º De payer, à compter du premier Novembre mil neuf cent un, les contributions, taxes et autres charges de toute nature auxquelles donne lieu ou pourra être assujettie l'exploitation dont s'agit ;

2º D'exécuter également, à partir du même jour, l'assurance qui pourrait avoir été contractée à toute compagnie contre l'incendie du mobilier apporté et contre les risques locatifs et de voisinage, et d'en acquitter les primes ;

3° Et de payer tous les frais de constitution proprement dits, timbre, enregistrement, honoraires de notaire, frais de publications légales, frais d'impression des titres, etc. ; ou encore de les rembourser aux fondateurs, sur simple état, dans le cas où ils les auraient avancés ou bien se seraient engagés à les payer.

En représentation de ces apports les comparants recevront :

1° Entièrement libérées, les cinq mille actions formant le montant du capital social ci-après fixé ;

2° Et les cinq mille parts de fondateurs ci-après créées et donnant droit aux avantages stipulés en leur faveur par les présents statuts.

Conformément à la loi, les titres des cinq mille actions dont s'agit ne pourront être détachés de la souche et ne seront négociables que deux ans après la constitution définitive de la Société. Pendant ce temps ils devront à la diligence des administrateurs, être frappés d'un timbre indiquant leur nature et la date de cette constitution.

Les apporteurs se répartiront entre eux les dites actions et parts de fondateurs dans les proportions suivantes qui correspondent aux droits de chacun d'eux dans les apports qu'ils ont ci-dessus faits à la Société :

	PARTS de FONDATEURS	ACTIONS
1° M. Aramis DE L'HERBIER aura droit :		
A deux cents actions entièrement libérées		200
Et à deux cents parts de fondateur.	200	
2° M. Edouard DEMAGNEZ :		
A quatre mille six cent soixante-quinze actions entièrement libérées.............................		4.675
Et à quatre mille quatre cent vingt-cinq parts de fondateur...	4.425	
3° M. Auguste VIDREQUIN :		
A vingt-cinq actions entièrement libérées		25
Et à soixante-quinze parts de fondateur.........	75	
4° M. Henri FRANÇOIS :		
A vingt-cinq actions entièrement libérées		25
à reporter........	4.700	4.925

Reports.........	4.700	4.925
Et à soixante-quinze parts de fondateurs.........	75	
5° M. Charles BÉCOURT :		
A vingt-cinq actions entièrement libérées........		25
Et à soixante-quinze parts de fondateur...	75	
6° M. Paul BUISINE :		
A vingt-cinq actions entièrement libérées........		25
Et à soixante-quinze parts de fondateur	75	
7° Et M. Georges DELAPORTE :		
A vingt-cinq actions entièrement libérées........		25
Et à soixante-quinze parts de fondateurs.........	75	
Total égal au nombre de parts de fondateurs ci-après créées, cinq mille............	5.000	
Et au nombre d'actions formant le capital social, cinq mille		5.000

ARTICLE 7.

Le capital social est fixé à cinq cent mille francs et divisé en cinq mille actions de cent francs chacune.

Ces cinq mille actions sont attribuées aux apporteurs et entièrement libérées, comme il est dit en l'article précédent, de sorte que le capital ne comprend aucune action à souscrire et payer en numéraire.

ARTICLE 8.

Le capital social pourra être augmenté en une ou plusieurs fois, par la création d'actions nouvelles en représentation d'apports en nature ou contre espèces en vertu d'une décision de l'Assemblée générale des actionnaires prises dans les termes de l'article 30 ci-après.

Les propriétaires d'actions auront, dans la proportion des titres par eux possédés, un droit de préférence à la souscription des actions nouvelles qui seront émises contre espèces.

L'Assemblée générale, sur la proposition du Conseil d'administration, fixera les conditions des émissions nouvelles, ainsi que les délais et les formes dans lesquelles le bénéfice des dispositions qui précèdent pourra être réclamé.

L'Assemblée générale peut aussi, en vertu d'une délibération prise comme il vient d'être dit, décider la réduction du capital social au moyen de rachats d'actions, d'un échange de nouveaux titres d'un nombre équivalent ou moindre, ayant ou non le même capital ou de toute autre manière.

ARTICLE 9.

Les titres d'actions seront nominatifs ou au porteur au choix de l'actionnaire; ils seront extraits d'un registre à souche numéroté, revêtu du timbre de la Société et de la signature de deux administrateurs.

ARTICLE 10.

La cession des actions nominatives s'opérera conformément à l'article trente-six du Code de commerce par voie de transfert sur un registre tenu à cet effet au siège de la Société ou dans ses bureaux.

Le transfert sera consenti par le cédant et accepté par le cessionnaire. Il sera revêtu de leurs signatures et de celle de l'un des administrateurs de la Société.

La Société pourra exiger que la signature et la capacité civile des parties soient certifiées par un officier ministériel.

La cession d'une action comprendra toujours, à l'égard de la Société, celle des dividendes échus au moment de la mutation et des produits de l'exercice annuel en cours.

La cession des actions au porteur se fera par la simple tradition du titre.

ARTICLE 11.

Les actions seront indivisibles à l'égard de la Société qui ne reconnaîtra qu'un seul propriétaire pour chaque action.

Les propriétaires indivis seront tenus de se faire représenter auprès de la Société par un seul d'entre eux considéré par elle comme seul propriétaire.

Article 12.

Les actionnaires ne seront responsables que jusqu'à concurrence du montant des actions qu'ils posséderont.

Les droits et obligations attachés à l'action suivent le titre dans quelques mains qu'il passe.

La possession d'une action emporte de plein droit adhésion aux statuts de la Société et aux résolutions prises par l'Assemblée générale.

Les héritiers, représentants ou créanciers d'un actionnaire ne pourront, sous aucun prétexte, provoquer l'apposition des scellés sur les biens et valeurs de la Société, en demander la licitation ou le partage, ni s'immiscer en aucune manière dans son administration ; ils devront, pour l'exercice de leurs droits, s'en rapporter exclusivement aux inventaires sociaux et aux délibérations de l'Assemblée générale.

Article 13.

En outre du capital, il sera créé cinq mille titres de parts de fondateur au porteur, dont la cession pourra se faire par leur simple tradition et qui seront remis aux fondateurs en représentation de leurs apports dans les proportions ci-dessus établies, ainsi qu'il est stipulé dans l'article 6.

Les droits que lesdites part, de fondateur conféreront au partage des bénéfices sont fixés par l'article 41 ci-après.

Ces titres de parts bénéficiaires, au porteur, sans valeur nominale, donnant droit chacun à un cinq millième de ladite portion de bénéfices, seront extraits d'un livre à souche spécial numéroté de un à cinq mille, frappés du timbre de la Société et revêtus de la signature de deux administrateurs.

Ces parts bénéficiaires ne confèrent aucun droit de propriété sur l'actif social, mais seulement un droit de partage dans les bénéfices, comme il est dit aux articles 41 et 46 ci-après.

Les porteurs de ces parts n'auront aucun droit de s'immiscer dans les affaires sociales, ni d'assister aux Assemblées générales des actionnaires, à moins qu'ils ne soient au surplus actionnaires auquel cas ils jouiront simplement des prérogatives réservées aux actionnaires.

Ils devront, pour l'exercice de leurs droits, notamment pour la fixation du dividende, s'en rapporter aux inventaires sociaux et aux décisions de l'Assemblée générale.

Ils ne pourront s'opposer aux modifications qui seront apportées aux statuts par l'Assemblée générale en tant qu'elles ne porteraient pas atteinte à leur droit à ladite portion de bénéfice.

En cas de vente de l'actif social ou d'apport à une autre société après l'expiration du terme de la Société ou après sa dissolution anticipée, les parts bénéficiaires participeront aux avantages en résultant suivant leurs droits ci-dessus.

Mais la Société elle-même ou toute autre Société qui l'aura remplacée ou absorbée pourra à toute époque, racheter les parts de fondateur en totalité ou par partie d'après le tirage au sort dont il va être parlé, au prix de cent francs par part.

Dans le cas de rachat d'une partie seulement des parts de fondateur, il sera procédé, au tirage au sort de celles devant être ainsi rachetées, par les membres composant le bureau de l'Assemblée générale qui aura décidé ce rachat, à la clôture de la séance. Tous les porteurs de parts auront le droit d'y être présents. Il sera dressé procès-verbal du tirage par les membres du bureau dont s'agit. Dans les quinze jours qui suivront le tirage, la décision relative au rachat et les numéros des parts de fondateur sorties ou rachetables seront publiés dans un journal d'annonces légales du siège social aux frais de la Société. Cette publication rendra définitive la transformation en espèces des droits des porteurs de parts de fondateur.

TITRE TROISIÈME.

Administration de la Société.

ARTICLE 14.

La Société sera administrée par un Conseil d'administration composé de trois membres pris parmi les associés et nommés par l'Assemblée générale des actionnaires.

Les trois premiers administrateurs seront nommés pour deux ans à compter du jour de la constitution définitive de la Société.

A l'expiration de ces deux ans le Conseil sera élu pour six années.

Ensuite il se renouvellera à raison d'un membre tous les deux ans, de façon que le renouvellement soit complet dans chaque période de six ans.

Pour les premières applications de cette disposition, le sort indiquera l'ordre de sortie ; une fois le roulement établi, le renouvellement aura lieu par ancienneté de nomination.

ARTICLE 15.

Si une place d'administrateur est ou devient vacante dans l'intervalle de deux Assemblées générales, les administrateurs restants pourront faire une nomination provisoire et l'Assemblée générale, lors de sa première réunion procédera à l'élection définitive.

L'administrateur nommé en remplacement d'un autre ne demeurera en fonctions que pendant le temps qui restera à courir de l'exercice de son prédécesseur à moins que l'Assemblée n'ait fixé, par sa décision, une autre durée des fonctions de l'administrateur remplaçant.

ARTICLE 16.

Les administrateurs devront être propriétaires chacun de vingt-cinq actions de la Société pendant toute la durée de leurs fonctions.

Ces actions seront affectées en totalité à la garantie des actes de l'administration, même de ceux qui seraient exclusivement personnels à l'un des administrateurs, elles seront nominatives, inaliénables, frappées d'un timbre indiquant l'inaliénabilité et déposées dans la Caisse sociale.

ARTICLE 17.

Le Conseil nommera parmi ses membres un Président qui pourra toujours être réélu. Il fixera la durée de ses fonctions.

En cas d'absence du Président, le Conseil d'administration sera présidé par l'administrateur le plus âgé.

Le Conseil désignera aussi la personne devant remplir les fonctions de secrétaire, laquelle pourra être prise même en dehors du Conseil.

ARTICLE 18.

Le Conseil d'administration se réunira au siège de la Société, sur la convocation de deux de ses membres aussi souvent que l'intérêt de la Société l'exigera et au moins une fois par mois.

La présence de deux des membres du Conseil sera nécessaire pour la validité des délibérations. Celles-ci seront prises à la majorité des voix des membres présents.

En cas de partage, la voix du Président sera prépondérante.

Nul ne pourra voter par procuration dans le sein du Conseil.

ARTICLE 19.

Les décisions seront constatées par des procès-verbaux inscrits sur un registre tenu au siège de la Société et signé par les membres présents.

Les copies ou extraits de ces procès-verbaux à produire en justice ou ailleurs seront certifiés par le Président du Conseil ou à son défaut par un autre administrateur.

ARTICLE 20.

Le Conseil d'administration aura les pouvoirs les plus étendus pour agir au nom de la Société et faire toutes les opérations relatives à son objet.

Il aura notamment les pouvoirs suivants, lesquels sont énonciatifs et non limitatifs.

Il représentera la Société vis-à-vis des tiers ;

Il autorisera tous actes relatifs aux opérations de la Société ;

Il autorisera tous retraits, transferts, aliénations de rentes et autres valeurs de la Société ;

Il décidera tous achats, échanges, ou baux de biens meubles ou immeubles qui seraient jugés nécessaires à la Société, ainsi que toutes aliénations de ces biens s'ils devenaient inutiles ;

Il statuera sur les marchés et entreprises rentrant dans l'objet de la Société ; fixera les dépenses générales d'administration, réglera les approvisionnements de toute sorte ;

Il touchera les sommes dues à la Société ;

Il souscrira, endossera, acceptera tous effets de commerce, il fera ouvrir tous comptes courants pour les besoins et affaires de la Société ;

Il déterminera le placement des fonds disponibles et réglera l'emploi du fonds de réserve ;

Il nommera, révoquera et destituera les agents et employés de la Société, fixera leurs traitements, remises, salaires et gratifications, ainsi que toutes les autres conditions de leur admission ou de leur retraite.

Toutefois, il n'aura en aucune façon à s'immiscer ni dans le traitement des malades ni dans la préparation des remèdes qui resteront respectivement réservés aux médecins et aux pharmaciens agréés par lui et attachés à chacun des établissements de la Société et sur lesquels il n'aura qu'un droit de contrôle et de surveillance.

Il arrêtera les comptes annuels et les soumettra à l'Assemblée générale des actionnaires, il délibérera et statuera sur toutes les propositions à lui faire et arrêtera l'ordre du jour.

Il convoquera les assemblées aux époques fixées par les statuts et extraordinairement s'il le juge utile.

Il autorisera toutes actions judiciaires tant en demandant qu'en défendant.

Il pourra traiter, transiger, compromettre sur toutes les affaires de la Société, consentir tous désistements de droits, de privilèges, hypothèques, actions résolutoires et autres droits de toute nature, et toutes mainlevées d'inscriptions, saisies. oppositions et autres empêchements quelconques, avec ou sans paiement.

ARTICLE 21.

Les ventes, échanges, achats, baux, quittances, mainlevées, marchés, transferts de valeurs et généralement tous actes concernant la Société, décidés par le Conseil, ainsi que les mandats et retraits de fonds sur les banquiers, les dépositaires et les débiteurs, et les souscriptions, endos, acceptations ou acquits d'effets de commerce, seront signés par deux administrateurs à moins d'une délégation spéciale du Conseil d'administration à tout autre mandataire.

ARTICLE 22.

Les administrateurs ne seront responsables que de l'exécution du mandat qu'ils auront reçu.

Ils ne contracteront, à raison de leur gestion, aucune obligation personnelle, ni solidaire, relativement aux engagements de la Société.

ARTICLE 23.

Les administrateurs auront droit à des jetons de présence dont la valeur sera fixée par l'Assemblée générale.

Ils auront droit en outre à une part dans les bénéfices, ainsi qu'il est stipulé à l'article 41 ci-après.

TITRE QUATRIÈME.

Direction.

ARTICLE 24.

Le Conseil d'administration pourra déléguer partie de ses pouvoirs à un Directeur, membre du Conseil d'administration ou non, pour l'administration courante et journalière de la Société et l'exécution des décisions du Conseil d'administration.

Le Directeur sera nommé et pourra être révoqué par le Conseil d'administration, lequel est autorisé à déterminer l'étendue des attributions et pouvoirs du Directeur, sa rémunération fixe ou porportionnelle et les conditions de sa retraite ou de sa révocation.

TITRE CINQUIÈME.

Commissaires.

ARTICLE 25.

Il sera nommé chaque année par l'Assemblée générale des Actionnaires, un ou deux commissaires chargés de faire un rapport à l'Assemblée générale de l'année suivante, sur la situation de la Société, sur le bilan et sur les comptes présentés par le Conseil d'administration.

Ils pourront être pris en dehors des actionnaires et seront rééligibles à l'expiration de leurs fonctions.

Pendant le trimestre qui précédera l'époque fixée pour la réunion de l'Assemblée générale, les commissaires auront le droit, toutes les fois qu'ils le jugeront convenable dans l'intérêt social, de prendre communication des livres et d'examiner les opérations de la Société.

Ils pourront, en cas d'urgence, convoquer l'Assemblée générale.

Ils auront droit à la rémunération dont l'importance sera fixée par l'Assemblée générale.

TITRE SIXIÈME.

Assemblées générales.

ARTICLE 26.

es actionnaires se réuniront chaque année en assemblée générale dans le courant du mois de février, aux jour, heure et lieu désignés par le Conseil.

Des assemblées générales pourront être convoquées extraordinairement soit par les administrateurs soit par les commissaires en cas d'urgence.

Les convocations aux assemblées générales ordinaires ou extraordinaires seront faites, quinze jours au moins à l'avance, par un avis inséré dans un des journaux désignés pour les annonces légales à Lille.

Elles devront indiquer sommairement l'objet de la réunion.

ARTICLE 27.

L'Assemblée générale se composera des actionnaires propriétaires de dix actions au moins.

Toutefois les propriétaires de moins de dix actions pourront se réunir pour former ce nombre et se faire représenter par l'un d'eux.

Nul ne pourra représenter un actionnaire à l'Assemblée s'il n'est lui-même membre de cette Assemblée.

Cependant les femmes mariées pourront être représentées par leurs maris, s'ils ont l'administration de leurs biens.

De même les mineurs et interdits pourront être représentés par leurs tuteurs.

Les usufruitiers et nu-propriétaires devront être représentés par l'un d'eux, muni du pouvoir de l'autre ou par un mandataire commun membre de l'Assemblée.

Les Sociétés actionnaires pourront être représentées chacune par un administrateur délégué qui ne serait pas lui-même actionnaire.

Tous les propriétaires d'actions au porteur et ceux des titulaires d'actions nominatives qui, n'ayant pas le nombre nécessaire, voudraient user du droit de réunion visé au deuxième alinéa du présent article, devront, pour avoir le droit d'assister à l'assemblée générale, déposer leurs titres et les pouvoirs au siège social ou dans les caisses désignées par le Conseil d'administration cinq jours au moins avant la réunion ; il sera remis à chaque déposant une carte d'admission nominative.

Les titulaires de titres nominatifs ou de certificats de dépôt de dix actions ou plus, depuis cinq jours ou moins avant la réunion, auront le droit d'assister à l'assemblée générale ou de s'y faire représenter par des mandataires.

La forme des pouvoirs sera déterminée par le Conseil d'administration.

ARTICLE 28.

L'Assemblée générale régulièrement convoquée et constituée représentera l'universalité des actionnaires.

ARTICLE 29.

Pour que les délibérations de l'Assemblée générale soient valables, celle-ci devra être composée d'un nombre d'actionnaires représentant le quart au moins du capital social (sauf ce qui sera dit dans l'article 34 ci-après).

Si cette condition n'est pas remplie, l'Assemblée générale sera convoquée de nouveau selon les formes prescrites par l'article 25.

Dans cette seconde réunion, les délibérations seront valables quel que soit le nombre d'actions représentées, mais elles ne pourront porter que sur les objets mis à l'ordre du jour de la première réunion.

ARTICLE 30.

L'ordre du jour sera arrêté par le Conseil d'administration.

Aucun objet autre que ceux à l'ordre du jour ne pourra être mis en délibération.

ARTICLE 31.

L'Assemblée sera présidée par le Président du Conseil d'administration, et à son défaut par un administrateur délégué par le Conseil.

Les fonctions de scrutateurs seront remplies par les deux plus forts actionnaires présents et sur leur refus par ceux qui viennent après jusqu'à acceptation.

Le bureau désignera son secrétaire.

Il sera tenu une feuille de présence.

Elle contiendra les noms et domiciles des actionnaires présents et représentés et le nombre des actions possédées ou représentées par chacun d'eux ; cette feuille sera certifiée par le bureau et restera annexée au procès-verbal.

Article 32.

Les délibérations seront prises à la majorité des voix des membres présents ; en cas de partage la voix du président sera prépondérante.

Chaque membre de l'assemblée aura autant de voix qu'il possédera de fois dix actions (sauf ce qui sera dit article 34 ci-après).

Article 33.

L'Assemblée générale entendra le rapport des administrateurs sur les affaires sociales ; elle entendra également le rapport du ou des commissaires sur la situation de la Société, sur le bilan et sur les comptes présentés par les administrateurs ;

Elle discutera, approuvera ou rejettera les comptes, elle fixera les dividendes. Elle nommera les administrateurs et les commissaires ;

Elle déterminera les allocations des commissaires de surveillance ;

Elle délibérera sur les propositions portées à l'ordre du jour ;

Elle autorisera tous emprunts hypothécaires au autres par voie d'émission d'obligations ou autrement ;

Enfin, elle prononcera souverainement sur tous les intérêts de la Société et conférera au Conseil les autorisations nécessaires pour tous les cas où les pouvoirs à lui attribués seraient insuffisants.

La délibération contenant l'approbation du bilan et des comptes devra être précédée du rapport des commissaires, à peine de nullité.

Article 34.

L'Assemblée générale convoquée extraordinairement pourra, sur l'initiative du Conseil d'administration, apporter aux statuts les modifications dont l'utilité serait reconnue par lui et celles qui seraient autorisées par toutes lois nouvelles.

Elle pourra décider notamment :

L'augmentation du capital social par la création d'actions nouvelles, par voie d'apport ou contre espèces ;

Le rachat de la totalité ou de partie des parts de fondateur.

La réduction du capital social, en la forme et dans les conditions qu'elle déterminera.

L'amortissement total ou partiel de ce capital.

La prorogation ou la dissolution anticipée de la Société.

La fusion ou l'alliance de la Société avec d'autres Sociétés constituées ou à constituer.

Le transport ou la vente à tous tiers ou l'apport à toute Société de tout ou partie des biens, droits et obligations actifs et passifs de la Société.

Les modifications pourront même porter sur l'objet de la Société, mais sans pouvoir le changer complètement ou l'altérer dans son essence.

Mais, dans les cas prévus par le présent article, l'Assemblée générale ne pourra délibérer valablement qu'autant qu'elle réunira un nombre d'actionnaires représentant les deux tiers au moins du capital social.

L'assemblée sera composée comme il est dit article 27.

Toutefois, lorsque sur une première convocation l'assemblée n'aura pu être régulièrement constituée conformément à l'alinéa qui précède, il pourra être convoqué une deuxième assemblée générale à laquelle tous les actionnaires, même ayant ou représentant moins de dix actions, pourront assister.

La seconde assemblée ne sera elle-même régulièrement constituée que si les actionnaires présents ne représentent la moitié du capital social.

Dans ce cas spécial, chaque actionnaire aura autant de voix qu'il possédera d'actions, soit par lui-même soit comme mandataire.

ARTICLE 35.

Les délibérations de l'Assemblée générale seront constatées par des procès-verbaux inscrits sur un registre spécial et signé par les membres composant le bureau.

Les copies ou extraits de ces procès-verbaux à produire en justice ou ailleurs seront signés par le Président du Conseil ou à son défaut par un autre administrateur.

ARTICLE 36.

Les délibérations prises conformément aux lois et aux statuts obligeront tous les actionnaires, même les absents ou dissidents.

TITRE SEPTIÈME.

État semestriel. — Comptes annuels. — Amortissement. Fonds de réserve. — Répartition des bénéfices.

ARTICLE 37.

L'année sociale commencera le premier novembre et finira le trente-un octobre.

ARTICLE 38.

Il devra être tenu des écritures des affaires sociales suivant les usages du commerce.

Chaque semestre il sera dressé un état sommaire de la situation active et passive de la Société.

Cet état de situation sera mis à la disposition des commissaires.

Il sera, en outre, établi chaque année, conformément à l'article 9 du Code de commerce un inventaire contenant l'indication des valeurs mobilières et immobilières et de toutes les dettes passives et actives de la Société.

L'inventaire, le bilan et le compte des Profits et Pertes seront mis à la disposition des Commissaires le quarantième jour au plus tard avant l'Assemblée générale; ils seront présentés à cette Assemblée.

Quinze jours avant l'Assemblée générale, tout actionnaire pourra prendre au siège social communication de l'inventaire et de la liste des actionnaires et se faire délivrer, à ses frais, copie de bilan résumant l'inventaire et du rapport des Commissaires.

ARTICLE 39.

Il sera ouvert un compte spécial lequel comprendra tous les frais quelconques de publicité, formation de la Société, travaux, achats, impression de toute nature, timbre des actions, enregistrement, honoraires et frais généralement quelconques de tous les actes et procès-verbaux constitutifs et de leurs suites ; en un mot toutes les dépenses faites ou à faire dans l'intérêt et en prévision de la constitution définitive de la Société et dans la suite.

Ce compte sera amorti dans les délais et proportions qui seront déterminés par le Conseil d'Administration.

ARTICLE 40.

Les produits nets annuels, déduction faite de toutes les charges sociales et de tous amortissements, constitueront les bénéfices.

ARTICLE 41.

Sur les bénéfices nets, déduction faite de tous frais et charges, il sera prélevé :

1° D'abord, cinq pour cent (5 %) pour former un fonds de réserve jusqu'à ce qu'il ait atteint le dixième du capital ;

2° Et ensuite une somme suffisante pour payer aux actionnaires cinq pour cent (5 %) de la valeur nominale des actions, à titre de premier dividende, sans que, si les bénéfices d'une année ne permettent pas ce paiement, les actionnaires puissent le réclamer sur le bénéfice des années subséquentes.

Sur le surplus des bénéfices, il sera prélevé dix pour cent (10 %) pour les administrateurs qui se les répartiront entre eux d'un commun accord.

Ces divers prélèvements opérés, le reliquat des bénéfices reviendra, savoir :

Cinquante pour cent (50 %) aux actionnaires à titre de second dividende ;

Et cinquante pour cent (50 %) aux porteurs de parts de fondateur.

En cas d'augmentation du capital social les parts de fondateurs continueront à avoir droit aux cinquante pour cent des bénéfices

réalisés, après prélèvement de la réserve légale, de la somme nécessaire pour servir cinq pour cent au capital ancien et nouveau versé
et non amorti, et des dix pour cent revenant aux administrateurs.

Toutefois après le prélèvement de la réserve légale, du premier
dividende de cinq pour cent pour les actions, et de la part du Conseil
d'administration, l'assemblée générale aura le droit de prélever, avant
la répartition qui vient d'être indiquée, une part quelconque de
bénéfices destinée à constituer des réserves spéciales sous le nom de
fonds de prévoyance ou de réserve extraordinaire en vue notamment
de l'amortissement du passif.

Article 42.

L'emploi des capitaux appartenant aux fonds de réserve ou de
prévoyance sera réglé par le Conseil d'administration.

Article 43.

Le paiement des dividendes se fera annuellement au porteur des
titres, à l'époque fixée par le Conseil d'administration.

Tous dividendes non réclamés dans les cinq ans de leur exigibilité
seront prescrits au profit de la Société.

TITRE HUITIÈME.

Dissolution. — Liquidation.

Article 44.

En cas de perte de la moitié du capital social, les administrateurs
seront tenus de convoquer l'Assemblée générale à l'effet de statuer sur
la continuation ou la dissolution de la Société.

Article 45.

Dans aucun des cas de dissolution de la Société, il ne pourra être
apposé de scellés soit au domicile des administrateurs, soit au siège
de la Société, ni être provoqué d'autres inventaires que ceux qui
doivent être faits en la forme commerciale.

ARTICLE 46.

À l'expiration de la Société comme dans tous les cas prévus ou non
prévus de dissolution anticipée, la liquidation sera faite par les
administrateurs en exercice à l'époque de cette dissolution, sous la
surveillance d'un ou de plusieurs liquidateurs nommés par l'assemblée,
si celle-ci le juge convenable.

Pendant le cours de la liquidation, les pouvoirs de l'Assemblée
générale se continueront comme pendant l'existence de la Société
pour tout ce qui concerne cette liquidation.

Tous les biens et valeurs de ladite Société seront réalisés par les
liquidateurs qui auront, à cet effet, les pouvoirs les plus étendus.

Les liquidateurs pourront, avec l'autorisation de l'Assemblée
générale, faire le transport ou l'apport à une autre société de l'ensemble
des biens, droits et obligations, tant actifs que passifs, de la Société
dissoute.

Après l'acquit du passif et des charges sociales, le produit net de la
liquidation sera employé à rembourser le montant des actions avec
intérêts à cinq pour cent jusqu'au jour du remboursement ; le surplus,
s'il en existe, sera réparti entre les actions et les parts de fondateurs.

TITRE NEUVIÈME.

Contestations.

ARTICLE 47.

Toutes les contestations qui pourraient s'élever pendant la durée de
la Société ou au cours de la liquidation, soit entre les actionnaires et
la Société, soit entre les actionnaires eux-mêmes, relativement aux
affaires sociales, seront jugées conformément à la loi et soumises à
la juridiction des tribunaux compétents de l'arrondissement de
Lille.

À cet effet tout actionnaire non résidant à Lille, doit y faire élection
de domicile ; faute de quoi ce domicile sera élu de plein droit au
Parquet de M. le Procureur de la République devant le Tribunal de
première instance de Lille.

ARTICLE 48.

Les contestations touchant l'intérêt général et collectif de la Société ne pourront être dirigées contre le Conseil d'administration ou l'un de ses membres qu'au nom de la masse des actionnaires et en vertu d'une délibération de l'assemblée générale.

Tout actionnaire qui voudra provoquer une contestation de cette nature, devra en faire, quinze jours au moins avant la prochaine assemblée générale, l'objet d'une communication au Président du Conseil d'administration qui sera tenu de mettre la proposition à l'ordre du jour de cette assemblée.

Si la proposition est repoussée par l'assemblée, aucun actionnaire ne pourra la reproduire en justice dans un intérêt particulier. Si elle est accueillie, l'assemblée générale désignera un ou plusieurs commissaires pour suivre la contestation.

Les significations, auxquelles donnera lieu la procédure, seront adressées uniquement aux commissaires.

TITRE DIXIÈME.

Constitution de la Société.

ARTICLE 49.

La présente Société ne sera définitivement constituée qu'après qu'une assemblée générale aura nommé les premiers administrateurs et le ou les commissaires et constaté leur acceptation.

Etant expliqué que la présente Société étant formée entre les fondateurs seulement qui étaient propriétaires par indivis des biens par eux apportés et qui composent le capital social, il n'y a pas lieu de faire vérifier et approuver cet apport et ce, conformément aux dispositions du dernier alinéa de l'article quatre de la loi du vingt-quatre juillet mil huit cent soixante-sept.

La délibération de cette Assemblée générale constitutive devra être prise à la majorité des voix des actionnaires présents et dans les conditions prescrites par la loi du vingt-quatre juillet mil huit cent soixante-sept.

Chaque personne figurant à cette Assemblée aura au moins une voix et autant de voix qu'elle représentera de fois dix actions, sans cependant avoir plus de dix voix en tout.

Par exception, cette Assemblée pourra valablement délibérer sans convocation préalable si tous les actionnaires y sont présents ou représentés.

ARTICLE 50.

Pour faire publier les présents statuts et le procès-verbal de la délibération constitutive, tous pouvoirs sont donnés au porteur d'une expédition ou d'un extrait de ces actes.

Dont acte.

Fait et passé à Lille, en l'étude de Me Maxime Ducrocq, l'un des notaires soussignés,

L'an mil neuf cent un, le deux Novembre,

En présence de :

M. Fernand DÉCARNIN, coiffeur, demeurant à Lille, rue Saint-Étienne, 48 ;

Et M. Désiré CARPENTIER, courtier, demeurant à Lille, rue Basse, 51.

Témoins certificateurs qui ont attesté audit Me DUCROCQ, notaire, les noms, prénoms, état et demeure des sept comparants qu'ils ont déclaré bien connaître.

Et, lecture faite, les comparants ont signé avec les témoins certificateurs et les notaires.

Suivent les signatures :

(Signé) A. DE L'HERBIER, DEMAGNEZ, A. VIDREQUIN, Henri FRANÇOIS, Charles BÉCOURT, Paul BUISINE, G. DELAPORTE, F. DÉCARNIN, CARPENTIER, DUCROCQ et NAVARRE.

En suite se trouve cette mention :

Enregistré à Lille (A. C.), le douze Novembre mil neuf cent un, folio 38, case 10 ; reçu trois francs, décimes soixante-quinze centimes.

(Signé) LATRASSE.

Pour Expédition conforme :
DUCROCQ.

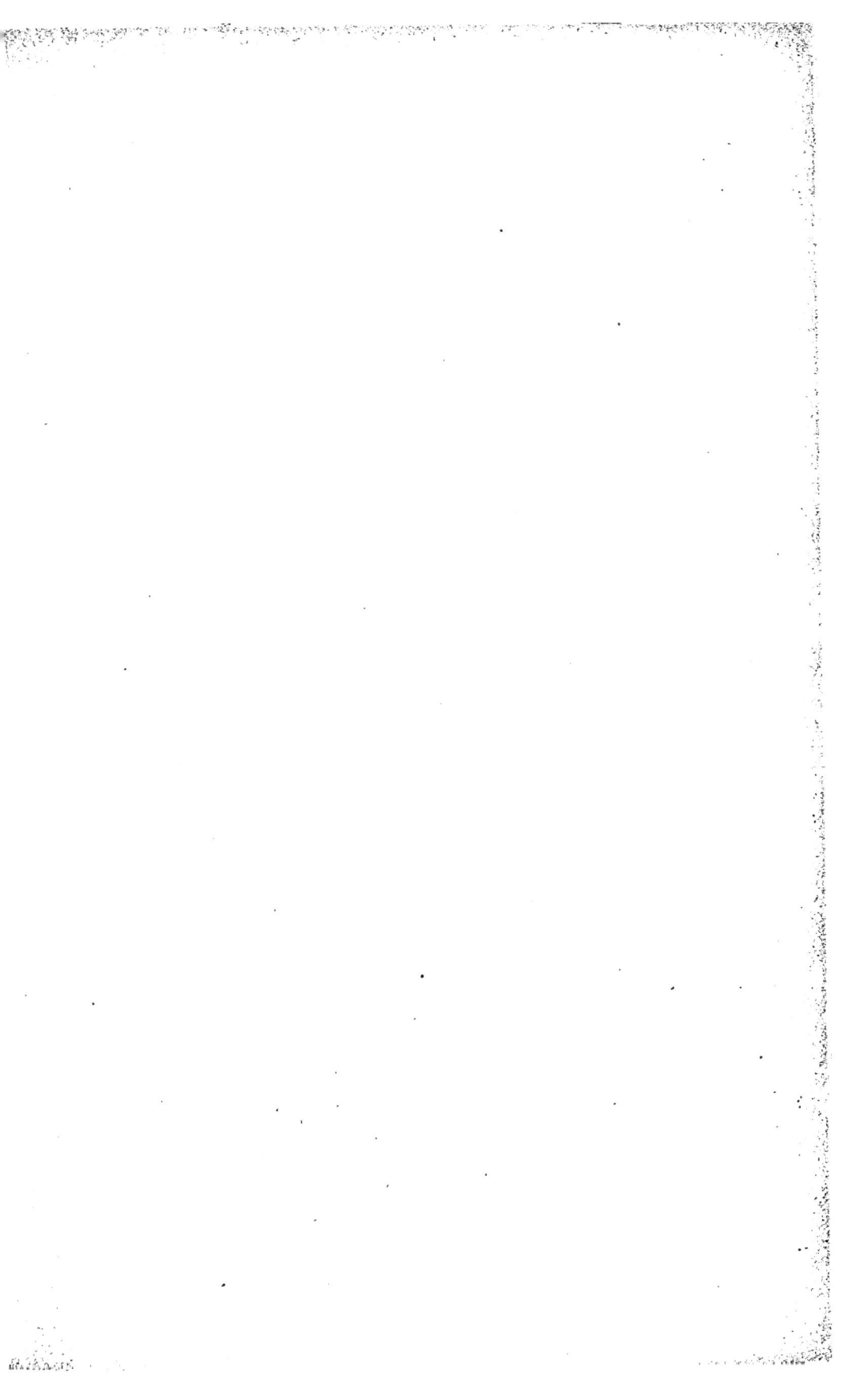

www.ingramcontent.com/pod-product-compliance
Lightning Source LLC
Chambersburg PA
CBHW070158200326
41520CB00018B/5448